MW01224390

PURO TRONCO

PURO TRONCO

El Arte de Construir con la Naturaleza

Arq. Miguel Hanono

CAMA

Producciones Gráficas y Editoriales

Título: Puro Tronco

Autor de los textos,
fotografías
y diseño general:
Arq. Miguel Hanono

Editor:
CIMA Producciones gráficas y editoriales

Películas e Impresión:
Gráfica Pinter S.A.

Todos los derechos reservados.
Prohibida su reproducción por cualquier medio.

© CIMA, Producciones gráficas y editoriales
CC 1212 (8400) Bariloche, Río Negro, Argentina.
E mail: arqandin@bariloche.com.ar
www.arquitecturaandina.com.ar

ISBN   987-97545-2-2
Queda hecho el depósito que establece la ley 11723
Impreso en Argentina

Agradecimiento

A los espíritus, energías y sistemas que hacen crecer los bosques y que tanto colaboran con la vida en toda la faz de la tierra.

A los hombres que dignifican cada trozo de madera que pasa por sus manos, como una reverencia sagrada al poder de la creación.

Indice

* La fotografía de la página 2 muestra una escultura descripta en la pág. 106.
* Las fotografías de las páginas 6 y 7 muestran el arroyo Vantitter, sobre el valle del mismo nombre, cerca de San Carlos de Bariloche.
* La fotografía de la página 8 muestra una puerta con dintel decorativo, realizada en la vivienda Kitti Mapu, descripta en la pág. 66.

Prólogo

El aspecto del ambiente natural, es sustancial para comprender la razón de las construcciones con madera en forma de troncos, en la región andino patagónica argentina. Las principales villas, pueblos y ciudades se han desarrollado dentro o aledaños a ambientes boscosos de indescriptible belleza y opulencia natural.

Este modo de utilizar la madera es un fenómeno relativamente nuevo y contemporáneo a las dos últimas décadas.
El desarrollo de la artesanía regional dirigido a utilizar la madera como uno de los principales materiales de construcción, hizo que la gente misma, tal vez con escaso conocimiento técnico pero con destacada valoración afectiva por el material, se lanzara a construir muchos de los elementos artesanales de la arquitectura, que hoy resultan sumamente atractivos a la población estable y al turismo.

Indudablemente, este uso particular de la madera en nuestra región es muy singular, ya que tiende a mimetizarse con el imponente y majestuoso entorno natural y paisajístico que la rodea, y que sólo como un ejemplo de lo que es posible, puede adaptarse a la geografía, el sentir y las costumbres de cualquier lugar, ya que sirve de ejemplo e inspiración.
Por lo tanto, una vez que se activa la imaginación, y el deseo de construir con troncos se vuelve realidad, es aconsejable introducir criterios de uso acordes a cada sitio, según su propia cultura, costumbres y geografía, de manera que lo particular se destaque en el arte de construir con la naturaleza.

Tan noble es este material y el sentimiento que despierta, que muchas personas desean vivir en una casa de troncos, tan cerca de la madera como sea posible, al punto que cualquier otro material queda muy lejos en la escala comparativa.

El ambiente frío y solitario que existe en la montaña, influye para que las personas busquen naturalmente materiales cálidos, con los cuales construir sus hogares. El recurso esta allí mismo, surgiendo silenciosamente con su potente presencia, formando parte de la cultura y la geografía del lugar.

La característica del uso de la madera en forma de troncos, hace que la relación hombre-naturaleza se vuelva más primitiva, más intensa y colorida, más expresiva, como el ambiente físico donde naturalmente se desarrolla. De esto es lo que trataremos en este libro; de la relación casi poética del hombre con el bosque patagónico.

Hace unos cuantos años que con mucho placer y entusiasmo, he ido recopilando material para desarrollar este trabajo, y ahora, frente a la instancia de publicarlo, siento la alegría de compartirlo.

¡Que sirva entonces este libro para enriquecer nuestra relación con el medio natural y disfrutar del bienestar que ello provoca!

Miguel Hanono

INTRODUCCION

La madera, uno de los pocos recursos renovables, recibida como una ofrenda del reino vegetal, debe ser extraída sin poner en riesgo la sustentabilidad del sistema; cuidando tanto el medio ambiental y sus especies, como la cantidad y el modo de extracción.

Si interpretamos los ritmos de la naturaleza como ejes de esta relación primordial, la madera puede acompañar a la humanidad a lo largo de su existencia, brindando calidez, belleza y segura contención.

Geografía y Cultura

La obra publicada en este libro se encuentra en Sudamérica, en la región andino patagónica argentina.

No es casual que al este de la Cordillera de los Andes, en la región patagónica argentina, se haya desarrollado especialmente una cultura de construcción con troncos, como la que describimos en este libro. El entorno montañoso, con caudalosos ríos y espejos de agua transparente, seguramente inspiró a los hombres para adoptar una forma de construir con la naturaleza.

Si bien la influencia cultural europea ha plasmado sus características a ambos lados de la cordillera, considerando a los pioneros inmigrantes -en su mayoría europeos asentados inicialmente en Chile-, es del lado argentino donde se desarrolla este fenómeno de construcciones más opulentas y particularmente rústicas.

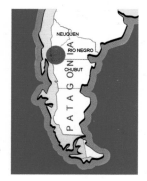

En la página 15 vemos una imagen aérea del lago Nahuel Huapi y el puerto natural de la margen sur de la Isla Victoria

Una razón fundamental de orden socio-cultural seguramente alimentó este desarrollo: la notable arquitectura construida por la administración de Parques Nacionales en la década del '40, donde los edificios de generosas proporciones, fueron realizados con materiales gruesos, como la piedra y la madera en rollizos y en grandes escuadrías especialmente "achueladas" para aumentar su rusticidad. Esta avanzada, luego fue recreándose por muchos años, en muchas de las obras que fueron caracterizando la arquitectura de la región.

Más tarde, hace apenas un par de décadas, comenzaron a construirse obras y elementos del paisaje urbano que no se encuadraban dentro del estilo tradicional adoptado hasta entonces, y de esta forma aparecen los "palos" de ciprés, coihue o raulí, que junto a la piedra, conforman un estilo muy particular de construcción, donde el material es utilizado con todas sus rugosidades, curvaturas y hasta los rasgos más esenciales de su propio espíritu, poniendo en valor la belleza de las formas naturales.

Filosofía

¿Cortar o no cortar?

Siempre ha sido ésta una pregunta que se responde en la conciencia de cada ser humano frente a un árbol en pié. Es más, algunas líneas de pensamiento incluso consideran que la actitud de no realizar ninguna intervención en los bosques sería lo más adecuado.

Desde mi perspectiva, creo que el hombre debe relacionarse con el medio natural que lo rodea, ya que no hacerlo sería casi una actitud de negación hacia su entorno primario de pertenencia, siempre y cuando no se alteren las condiciones ambientales y naturales necesarias para la preservación de la vida en toda su dimensión.
Desde este punto de vista es especialmente importante prestar atención al gran aspecto del equilibrio y la armonía en la relación con los bosques. Este aspecto -en general- no ha sido debidamente desarrollado por el hombre, al menos desde la revolución industrial y tal vez aún más atrás en la historia de alguna cultura o civilización.
Esto no invalida la actitud y el respeto que cada hombre tenga hoy frente a los bosques o incluso frente a un solo árbol.

Entonces, si la motivación y los objetivos finales de uso son sanos y equilibrados ¿cuál es el inconveniente en utilizar madera? ¿Qué aspecto negativo podríamos encontrar cuando esto se realiza con el respeto debido, considerando que el reino vegetal es generoso por naturaleza, ya que se reproduce y crece contínuamente?
En una sola semilla está contenido todo un bosque; tal es el prodigio de su esencia perdurable.

Oración del Arbol

Tú que pasas y levantas contra mi tu brazo;
antes de hacerme mal, mírame bien.

Yo soy el calor de tu hogar en las noches
frías del invierno.

Yo soy la sombra amiga que te protege
contra el sol estival.

Mis frutos sacian tu hambre
y calman tu sed.

Yo soy la viga que soporta el techo de tu casa,
la tabla de tu mesa, la cama en que descansas.

Yo soy el mango de tus herramientas,
la puerta de tu hogar.

Cuando naces, tengo madera para tu cuna;
cuando mueres en forma de ataúd,
aún te acompaño al seno de la tierra.

Soy pan de bondad y flor de belleza.

Si me amas como merezco,
defiéndeme contra los insensatos.

Esta oración se encuentra grabada en placas
colocadas en los marcos de las puertas
y colgadas en los árboles de plazas, jardines y calles
de Portugal.

EL MATERIAL

Los árboles inspiran al hombre

y él con su madera

recrea formas, cobijos y amores,

en una danza de enraizadas emociones

sin límite.

Así, la naturaleza presente

en el fruto de su trabajo,

deja su sello vivo,

como un signo que perdura

a lo largo de los tiempos.

Los Bosques Subantárticos

La altura de las montañas de la región Andino Patagónica no exceden los 3000 mts., por lo tanto en lugar de bloquear las nubes que vienen del océano Pacífico, provocan su ascenso y su correspondiente enfriamiento, produciendo precipitaciones de nieve o lluvia, en una franja que no supera los 70 km. de ancho (dirección E/0) y desde los 38º de Latitud Sur, a lo largo de la Cordillera de los Andes hacia el sur, llegando hasta Tierra del Fuego.

La abundante humedad, determina que las laderas de esos cordones montañosos estén recubiertas por densos bosques, surcados por torrentes que alimentan a los lagos y por ríos que desaguan en el mar.

Las plantas más aptas para estas circunstancias ambientales son las resistentes coníferas u otras especies perennes de hojas pequeñas, que dejan caer su follaje con las primeras heladas del otoño y se aletargan para el reposo invernal. Curiosamente, la flora de esta zona sudamericana tiene poca afinidad con la del resto de nuestro país y mucha, en cambio, con la de Oceanía -Nueva Zelanda, Australia, Tasmania, Nueva Guinea- y la que tuvo en el pasado la Antártida.

Esto se explica por la proximidad de las masas terrestres del antiguo continente Gondwana, antes de que éste se desmembrara y cada una de las partes se desplazara lentamente hacia las posiciones que hoy ocupan en el globo terráqueo. Estas tierras tienen muchos géneros en común, especialmente el Nothofagus, el de las hayas australes (que son los árboles dominantes en la Provincia Subantártica), género que incluye 45 especies repartidas entre ellas. Esto implica que tales géneros vegetales son preexistentes al surgimiento de la cordillera (posterior al desgajamiento de Gondwana) y a los cambios climáticos que éste provocó y que en su evolución se han adaptado a estos últimos para derivar en las especies que hoy representan.

Los bosques subantárticos se presentan como comunidades de una sola especie arbórea en manchones, ubicados según sus necesidades biológicas y aspectos geográficos.

Estos mismos bosques, al formar parte del entorno primario de las poblaciones andinas, son los que despiertan la imaginación y la atracción por lo natural.

Las Especies de la Región

La comunidad forestal principal que crece desde el nivel de los lagos (500 a 700 mts. sobre el nivel del mar) hasta los 900 mts. es el bosque siempreverde que tiene al **coihue** como especie dominante. Se trata de una fagácea austral (género Nothofagus) de hojas pequeñas, perennes y coriáceas, de grandes troncos oscuros y follaje estratificado, que sobrepasa los cuarenta metros de altura. A sus pies se desarrolla un espeso sotobosque compuesto por diversos arbustos y densos matorrales de **caña colihue** (bambusácea de tallo macizo y hojas lanceadas) capaz de alcanzar varios metros de alto.

En localizaciones similares a la del coihue, y en particular en sitios anegadizos ácidos, encontramos el lahuán o **falso alerce** como dominante del bosque o asociado al coihue. Es el verdadero gigante subantártico: alcanza los 60 metros de altura y su tronco puede superar los tres metros de diámetro.

Una de las especies importantes de los bosques patagónicos es el Austrocedrus Chilensis, vulgarmente conocido por **ciprés** de la cordillera o ciprés de los andes. Crece en los faldeos de la cordillera desde el centro del territorio del Chubut hasta las proximidades del lago Aluminé, en la provincia de Neuquén, en forma de manchones de variadas extenciones, puros o mezclados con coihues, extendiéndose igual que el alerce, hacia el oeste de la cordillera, sobre el lado chileno. Tiene tendencia a propagarse en terrenos pedregosos y bordeando las aguas de los ríos y lagos, por lo cual no se desarrolla en altura, encontrándose entre los 200 y hasta los 1500 mts. sobre el nivel del mar. Su madera fue muy utilizada desde el inicio del desarrollo cultural y arquitectónico de toda la región andino patagónica. Actualmente se encuentra protegido pero sigue siendo muy apreciado por la nobleza de su madera.

En la provincia de Neuquén, en el sector comprendido entre los lagos Lácar y Quillén, el bosque siempreverde se transforma en bosque mixto, por la aparición de otras dos hayas australes caducifolias: el **roble pellín** y el **raulí**. Ambas son especies muy robustas que alcanzan los 40 metros de altura y un metro y medio de diámetro de tronco. Su madera también es muy apreciada.

Por encima de los 900 metros y hasta los 1400 metros de altura, se extiende el bosque caducifolio de **lenga**, voviéndose achaparrado en las máximas alturas.

coihues

Bosque de lengas en otoño

Bosque de renovales de coihues

cañas colihue

LA OBRA

Algunos ven sólo el bosque,
y otros ven aún los árboles.

Pero más allá...
se puede ver la naturaleza
transformada en esculturas, casas o
muebles, en las manos de los
hombres de suaves o
rústicos modales.

Luego...
Algunos verán madera en una
cama, y otros
verán de nuevo el bosque,
confundidos en un sueño sin igual.

Cabaña del Bosque de Arrayanes

Construcción: Familia Lynch

Elegimos esta cabaña para comenzar el desarrollo de esta sección por lo que representa este sitio, ya que tan emblemática como la obra, es el bosque que la rodea: el mítico "bosque de arrayanes" en la península de Quetrihue, sobre el lago Nahuel Huapi; considerado actualmente como un santuario natural.

Seguramente en la imaginación de las miles y miles de personas que lo visitaron se habrá grabado el sueño de "la cabaña en el bosque", y esto no es poco, porque ¿qué cosa es la vida sino otro sueño?...

En este ejemplo de arquitectura incorporada al Paisaje con mayúsculas, vemos algunos de los gérmenes de construcciones con la naturaleza.

Cuenta la leyenda... que Walt Disney se inspiró en este sitio para la creación del personaje Bambi y aunque en verdad, parece que él nunca estuvo aquí, no requiere un gran esfuerzo imaginarse a Mister Walt y sus personajes correteando por este maravilloso sitio.

Esta cabaña fue construida en la década del `30 por los propietarios de la tierra, la familia Lynch.

Más tarde, cerca de la cabaña principal, se realizó otra construcción con los mismos materiales y sistema constructivo, pero con variaciones en el estilo arquitectónico, generando un interesante contrapunto en el conjunto. Esta obra tuvo diferentes usos a lo largo del tiempo.

El Horrible

Construcción: Comunidad Alemana de Bariloche

La gente de montaña, posee una particular interpretación del paisaje y la imaginación necesaria para construir los cobijos para disfrutarlo. Aunque parezcan básicos, cumplen muy bien su cometido. En una noche de tormenta, un 11 de noviembre... contuvo a 34 niños y tres mayores.

Este rústico refugio se encuentra a orillas del arroyo Ñireco Oeste, cerca de Bariloche y está construido con palos de lenga apilados. Se utilizó tierra y paja para sellar las juntas.

Aunque lo llaman El Horrible, es muy apreciado por los andinistas y la gente que gusta de caminar en la montaña.

Las juntas horizontales y los encuentros de las esquinas están cubiertos con tierra y paja, como materiales selladores.

Algunos refugios suelen ser desprejuiciados, tanto como la imaginación de un niño. El resultado es sorprendente, primario... pero al mismo tiempo conserva la frescura del origen, como si fuera la manifestación de un sueño universal.

Río Azul

Idea y Construcción: Jetro Marti

El río Azul es muy caudaloso, sobre todo después de la estación invernal. Pasada la primavera, en sus orillas quedan troncos y ramas arrastradas por la corriente. Con algunos de estos elementos, y otros del bosque circundante, se construyó este refugio sobre un gran bloque de piedra.

Interiormente tiene dos niveles, cada uno con su acceso independiente, el superior a través de un puente y el inferior sobre la roca viva. El espacio es reducido, pero la vivencia es sobrecogedora e infinita.

Muchos pronosticaban que el río se lo llevaría en la primer crecida, pero ya han pasado varios años y aún sigue siendo parte de este energético paisaje patagónico.

Refugio Piedritas

Construcción: Club Andino Esloveno-Bariloche

Pequeño refugio emblemático. Se encuentra ubicado sobre la picada hacia el refugio Frey, en el macizo del Cerro Catedral, sobre el valle Vantitter. Realizado bajo una piedra inclinada, consiste en un solo ambiente, con una cocina de hierro a leña y un espacio para poder dormir. Algunos detalles decorativos, pintados en los postigones de las ventanas, reflejan el amor que siente la gente de montaña por estos sitios, que sirven de verdadero resguardo cuando el clima tiene condiciones muy severas.

En medio de un bosque de lengas, esta enorme piedra inclinada fue determinante para imaginar la construcción del refugio Piedritas.

Refugio - Restaurant "La Cueva"

Idea y realización: Ricardo Sternberg

Comenzó siendo un lugar de reunión entre amigos y luego a través de los años se convirtió en un espectacular restaurante digno de ser visitado.

Está ubicado en la ladera sur del Cerro Catedral y funciona durante el invierno.

Como en el refugio Piedritas, también aquí se eligió una piedra inclinada como cobijo inicial. Diferentes ramas del bosque conforman la estructura del techo, que luego fue cubierto con cueros y láminas de plástico termocontraíble de alta resistencia.

Un motor de 1890, funciona como caldera, generando vapor para calefaccionar una losa radiante, los bancos y la vajilla del restaurante. También provee agua caliente para todo el pequeño complejo, ya que en días de intenso frío el agua se congela.

Los pisos, las mesas y
los bancos fueron
realizados con rodajas
de troncos.
Las pieles de oveja
ayudan a protegerse
del intenso frío
nocturno.

Elementos
constructivos como las
ataduras que se ven,
realzan aún más la
sensación de refugio.

El baño es un lugar muy especial, en medio del bosque nevado uno puede sentarse en este trono y contemplar la naturaleza plenamente.

Refugio del lago

Proyecto y construcción: Daniel González

Los lagos patagónicos animan a las personas a integrarse todo lo posible a ellos. Tal es el caso de este refugio, construido sobre la roca viva. La amplia galería que lo rodea en su totalidad, permite vivenciar el paisaje desde cualquier sitio. Los troncos utilizados para las paredes se pintaron de color negro mate, contrastando con las carpinterías y la estructura de la cubierta, que se dejaron al natural.

Ciertos detalles no se han descuidado, tal el caso de estas terminaciones en manijas y mobiliario artesanal.

Casa Refugio Cielo
Hogar Fuego Reunión

Idea y realización: Bully Berger

El hombre cobró nueva vida a través de sus manos, mejorando, avanzando respetuosamente sobre el bosque; tomando de él, sólo lo que éste entrega generosamente, venerando el origen desde los cimientos, siendo "mundus", ese lugar donde el hombre celebra al hombre con la naturaleza.

Cuatro enormes columnas, y algunas con vida propia, se disputaban la proeza de sostener la cubierta y un gran hogar a leña se "tragaba" al fondo las glorias y las miserias del bosque... en un juego mágico, imaginario...

Y así, la casa "se deja" apacible, abriendo su texto lleno de significados, para que nosotros leamos parte de su historia...

"CASA   REFUGIO   CIELO
HOGAR   FUEGO   REUNION"

Alguien dijo una vez que la casa del hombre era el centro del universo... y no le faltaba razón. Una casa también es el lugar de celebración del ser, ese «mundus» donde se inicia el encuentro del hombre con el hombre mismo en toda su dimensión.

Arc en Ciel

Proyecto y dirección: Arq. Alejandro Bustillo

El Arq. Alejandro Bustillo construyó esta
casa en la década del '40. La idea fue
desarrollada junto a una ceramista
francesa, que residía entonces en París.
Esta cabaña fué una de las primeras
construidas cerca de Villa La Angostura, y
posee todo el estilo de la época en que
Parques Nacionales realizó muchas obras en
la región. La casa constituye un ejemplo
donde podemos encontrar un esbozo de la
arquitectura rústica que más tarde
caracterizaría la región.
Dentro del mismo predio, también se
construyó una cabaña muy atractiva, aún
más rústica y con una implantación
acertada.

Cabaña para Pescadores

Idea y realización: Carlos Martini

Construida a orillas del lago Nahuel Huapi, sus paredes están compuestas por postes de ciprés de aproximadamente 20 cm de diámetro, canteados en dos caras.

La junta horizontal entre los troncos está sellada con productos de propiedades elásticas, que absorben el movimiento de la madera y controlan las posibles filtraciones de aire y agua.

El mobiliario también es rústico, construido con piezas macizas de ciprés.

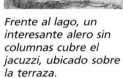
Frente al lago, un interesante alero sin columnas cubre el jacuzzi, ubicado sobre la terraza.

(Arriba-derecha) Las ramas de este ejemplar de radal se integran a la arquitectura, generando el diálogo obra-naturaleza

Cabaña bajo el Parque

Idea y realización: Carlos Martini

Sobre un parque con vistas plenas al lago, se enterró esta construcción, de manera de minimizar el impacto sobre el paisaje que contiene una casa más grande.

Al ser una cabaña de huéspedes, como una especie de suite, está concebida informalmente ya que los ambientes están completamente integrados.

El mobiliario es de grueso calibre. Troncos macizos como sillones, rodajas como mesas y otros detalles rústicos y voluminosos le dan a esta cabaña fuerte personalidad.

Las paredes en contacto con la tierra, están construidas con mampostería de ladrillos cerámicos y revestidas interiormente con orillas de ciprés canteadas y peladas.

Resulta atractivo este baño con una ventana que da a la circulación principal.
Desde fuera el vidrio es un espejo que amplía el pasillo y desde dentro se convierte en un ambiente muy agradable y amplio, al no estar limitado por las típicas paredes de cerámicos.

La iluminación cenital en la cocina es sumamente útil en este caso.

Vivienda sobre el Lago

Idea y construcción: Carlos Martini

Sobre la playa de cantos rodados, en el lago Nahuel Huapi, se implantó esta vivienda que posee un estilo muy agreste, armonizando con el ambiente natural.
El frente que da al lago posee amplios ventanales, sacando el mejor partido del entorno.
El dormitorio principal de la planta alta, se expande a través de un balcón terraza de generosas dimensiones.
El juego de volúmenes en los techos está realzado por el uso de tejuelas de madera, que armonizan con los demás materiales de la obra.

Las ramas curvas, con sus formas naturales sirven de "marcos" para las ventanas y también como barandas para la escalera.

Casa en la Estepa

Idea y construcción: Carlos Martini

Inserta en un paisaje de gran belleza y de baja vegetación, se construye esta casa íntegramente en madera, con ambientes de grandes dimensiones y detalles de carpintería gruesa muy interesantes.

La cubierta de techos fue concebida como un gran volúmen, destacándose al frente, la saliente sobre el estar-comedor.

Desde el interior, el frente vidriado proporciona visuales espectaculares a los cerros circundantes. En la planta alta, sobre el amplio espacio del estar, se ubica el dormitorio principal, con un generoso balcón terraza de forma semicircular.

Las paredes están construidas con troncos canteados, colocados sobre un pequeño basamento de piedra, que protege a la madera de las salpicaduras de agua que caen de los techos. Algunas ventanas cenitales proporcionan iluminación natural a los ambientes de la planta alta.

El fogón a leña, a nivel del piso, ocupa el centro de la escena, caracterizando el estar como un auténtico ambiente de montaña y campo.

El espacio del estar-comedor de amplias dimensiones (8m x 13m) fue construido sin columnas. Grandes troncos enteros se comportan como vigas de sostén principales.

Cabaña de las Rocas

Proyecto y dirección: Estudio Arq. Martín Jerman y Asoc.

Esta cabaña de troncos fue implantada sobre la roca viva, en un lugar de excepcionales visuales, pero al mismo tiempo expuesta a los rigores del clima, ya que el peñón rocoso enfrenta la cordillera y recibe sus vientos huracanados.

La integración al entorno está dada por el uso de materiales propios del sitio: madera y piedra, sumándose a este objetivo el uso de grandes ventanales, que desde afuera

La roca viva forma parte de la arquitectura, integrándose a ella de modo natural y espontáneo.

funcionan como espejos, reflejando el cielo, los árboles y los cerros circundantes. Los troncos fueron trabajados de modo diferente, según su ubicación: hacia el exterior, se dejó su cara curva natural y en el interior -salvo columnas y estructura del techo-, aparecen escuadrados, con encastres a la vista prolijamente realizados. A efecto de lograr un ambiente interior menos rústico, colaboran también las carpinterías.

64 Puro Tronco

Los interiores conservan un estilo rústico en las columnas y la estructura del techo, caracterizando de este modo a la cabaña como arquitectura de montaña.

Casa Kitti Mapu

Proyecto: Arq. Cristián A.J.Badesich
Construcción: Carlos Martini

Construida en el "Cumelen Country Club",
cerca de Viila La Angostura, esta vivienda -
en parte- es representativa de la
arquitectura tradicional de Parques
Nacionales, que tiene fuerte presencia
dentro del club, ya que sus instalaciones
comunes, además de otras casas, poseen
ese estilo.

El trabajo de construcción ha sido por
demás destacable, constituyéndose en la
actualidad como una de las obras más
importantes y mejor construidas en su tipo.
Incorpora elementos naturales como raíces,
troncos viejos de grandes árboles, piedras
"bocha" de los ríos de la zona en las
paredes y lajas en los techos.

Una pauta muy importante para la
implantación, fue que desde la cancha de

golf del country, la construcción no obstaculizara las visuales al lago que naturalmente existían, de manera que el cerco perimetral es bajo y genera solamente un marco de referencia. Esta intención revela un arraigado respeto por el sitio.

La casa está implantada en la parte más alta de una loma, con visuales importantes hacia el lago Nahuel Huapi.

El desarrollo volumétrico acompaña la pendiente del terreno, ubicándose en la parte más elevada la sala de estar, el comedor y la cocina, y más abajo un salón de juegos y dormitorios.

En la planta alta otros dormitorios y una sala de música, completan los ambientes interiores.

El trabajo, el empeño y la creatividad puesta en la elección de las piezas de madera son muy destacables.
El portón de entrada está trabajado con especial cuidado y los encuentros -realizados solo con motosierra- son de gran precisión, lo que revela la maestría de los artesanos carpinteros.

Las piezas estructurales son de grandes dimensiones, lo que obliga a desarrollar una verdadera ingeniería de obra, para poder moverlas y ubicarlas en su posición definitiva.

72 Puro Tronco

El rincón de fuego está fuertemente caracterizado por las piedra bocha de grandes dimensiones.

(A la izquierda) El comedor principal fue revestido con orilla de ciprés sin descortezar, lo que brinda por su textura, una apariencia rústica y a la vez destacada en el ambiente.

Tierra de Sol

Proyecto y Construcción: Tierra de Sol S.A.

Tierra de asombro y de encuentro franco con la naturaleza. Un emprendimiento habitacional de 19 hectáreas, donde el adentro y el afuera sostienen un diálogo armónico y estético.

A 3 km. de San Martín de los Andes se ha logrado conformar un predio de gran belleza paisajística, poblado con viviendas artesanales de elaborado diseño y funcionalidad, construidas con troncos macizos de gran envergadura.

Las exclusivas «casas de troncos» son realizadas en su totalidad con madera de árboles proveniente de los bosques

circundantes. También se destaca la utilización de grandes piezas de piedra bocha en basamentos y detalles constructivos, complementando a la madera y otorgándole al conjunto urbano, un singular estilo arquitectónico.

El portón de acceso al predio, es por demás demostrativo de lo que se encontrará en su interior.

Los muebles accesorios y las barandas de los decks de madera, en todas las casas del complejo residencial, están construidos con ramas curvas encastradas en pilares de grueso volúmen.

Cada vivienda es diseñada considerando en particular las necesidades y gustos de su dueño, pero atendiendo a la vez, a un riguroso criterio de pautas estéticas, ecológicas y de consideración urbana.

El mobiliario y la decoración interiores son también planificados en función del aprovechamiento exhaustivo de cada curvatura de tronco, nudo o raíz, sin desmedro de la utilización de adecuada tecnología que contribuye al confort y funcionalidad.

Habitar una casa de estas características, en un medio residencial como el propuesto en este caso, resultará seguramente una experiencia en sí misma; como sentir materializado el sueño por tantos compartido... el de rodearse de belleza y vivir en armonía con el entorno natural.

Una vieja caldera de fundición, enmarcada en muros de piedra bocha, se ha transformado en un hogar a leña.

Los muebles y accesorios están relizados con piezas especiales de madera, destacando sus formas naturales y estéticas.

Cada trozo de tronco está puesto en valor especialmente en la mayoría de los muebles con los cuales se equipan las cabañas.

La escalera de acceso al altillo mirador, fue calada de un tronco macizo . Los escalones se ensancharon con tableros de madera encolada.

Casa Escondida

Proyecto y Dirección: Daniel González

A orillas de un lago patagónico se costruyó esta vivienda, realizada íntegramente en madera y con detalles artesanales de gran calidad.

Los pisos construidos con tacos macizos de madera dura de diferentes colores y texturas, generan un clima muy especial, realzado por objetos decorativos, mobiliario artesanal y su entorno natural.

La cara exterior de las paredes, de pequeños troncos macizos, fue pintada de color negro, contrastando con el colorido salvaje de los bosques patagónicos.

Amplias galerías rodean toda la vivienda, generando circulaciones que permiten vivenciar el entorno salvaje de este rincón patagónico.

Los sillones principales fueron construidos con la técnica de madera laminada, con procesos artesanales, así como la mayoría de los otros muebles.

Detalle decorativo en los muebles, recreando la utilización del alambre como elemento preponderante en la Patagonia.

Todos los artefactos
sanitarios están
realizados o
recubiertos con
madera tallada
artesanalmente.

LOCALES COMERCIALES

Este es un ejemplo bastante antiguo construido en Colonia Suiza, un poblado histórico cercano a la ciudad de San Carlos de Bariloche, donde una rama retorcida es utilizada como factor de atracción para un bar-restaurante que ofrece sus productos indicándolos con carteles pintados sobre las ventanas.

El sitio, además, es la parada terminal del transporte de pasajeros de línea, constituyéndose de este modo, en un punto especial de concentración de gente.

En el poblado histórico de Colonia Suiza, conviven la vieja arquitectura, orientada a las labores de campo con la nueva, dirigida más al turismo y a la recreación. Especialmente esta última se está desarrollando actualmente con las características de la construcción con tronco macizo.

Estos ejemplos fueron pensados para el turismo, como una extensión de las vivencias que se producen en los ambientes naturales de la región. Las obras existen y generan emociones, a veces... inolvidables, como toda experiencia trascendente.

«Alfarería de los Lagos»

Idea y construcción: Ricardo Danuncio

Al costado del camino, este kiosco de venta y exposición de artesanías, resulta sugestivo para el turismo.

Por la ventana, tomando aire risueñamente, un personaje con vida propia -que alguna vez fue rescatado de peligrosas aventuras,

disfruta del contacto con los demás. Las lagartijas corretean por la madera y unas ramas-araña, sostienen el techo del kiosco. El lenguaje utilizado tiene que ver con lo que se ofrece allí, piezas de barro cocido, personajes de cuentos y mucho más.

El Fundo, Colonia Suiza

Proyecto y dirección: Arq. Juan José Barbuzzi
Construcción: Carlos Martini

La idea principal para esta construcción consistió en recrear la forma del galpón de campo como contenedor de diferentes actividades, especialmente las gastronómicas, de espectáculos y venta de artesanías.

Esta arquitectura resulta agradable y fácil de comprender, ya que el ritmo de su estructura está modulado y racionalizado. El ambiente resultante, es un gran espacio de doble altura, con un entrepiso que balconea hacia el salón y el escenario.

El mobiliario está construido íntegramente en madera y algunos elementos de la decoración sugieren el ambiente del campo.

Algunos elementos de la obra juegan un papel destacado, como la puerta de entrada, la escalera y el hogar a leña, enmarcado por un techo de vidrio que deja ver las paredes del Cerro López.

Restaurante Weiss
Proyecto y dirección: Arq. Rodrigo López Dávalos

En el aspecto de diseño, se trabajó con una imagen arquitectónica vernácula y atractiva para el turismo, que tuviera relación directa con el tipo de producto y la actividad gastronómica de ésta empresa, radicada en Bariloche y dedicada a la gastronomía.

La búsqueda estética, concentrada en la expresión natural de la piedra y la madera, fue tan preponderante en el proyecto, que en su materialización, no se evidenciaron hacia el exterior los encastres y uniones entre las grandes piezas de madera.

Los grandes ventanales logran un doble propósito: mostrar el interior del edificio y su actividad gastronómica y proveer a los comensales de vistas francas al lago Nahuel Huapi, en la ciudad de Bariloche.

La gran puerta de entrada marca claramente el acceso al restaurante y anticipa al transeúnte lo que sucederá en el interior.

Todos los nudos estructurales entre piezas de madera, están reforzados con planchuelas de hierro, que sirven de anclaje frente a posibles movimientos sísmicos.

Centro Comercial en Villa la Angostura

Proyecto y Dirección: Arqts. Sidoni & Bello

La obra domina una de las esquinas
céntricas de Villa la Angostura. Las piezas
de madera de ciprés, se entrelazan
conformando un espacio curvo y alabeado,
armonizando de este modo con las formas
naturales de ramas y troncos. Las superficies
traslúcidas de la cubierta, dejan pasar la luz
natural, que se derrama soble las veredas.

Restaurante Tasca Brava

Idea y construcción: Carlos Martini

La obra está ubicada en un terreno con pendiente frente al lago, sobre una ruta de alto tránsito turístico.

El salón se distribuyó en tres niveles, acompañando la pendiente natural. El área de servicios ocupa la cara menos expuesta a las visuales directas sobre el lago y cada uno de los niveles y sectores correspondientes a los comensales, tienen una característica especial.

Varios elementos decorativos y artesanales, caracterizan esta obra, como por ejemplo la

mano que sostiene parte de la cubierta del techo y que ilustra el comienzo de este libro en la pág. 2.

Algunos troncos alabeados han sido utilizados como marcos de ventana o estructura de techos y de este modo, las superficies que contienen, también conservan la curvatura natural de las piezas de madera, generando un movimiento espacial atractivo, ya que sigue a las formas originales.

Mucha de la madera utilizada en esta obra habría terminado convertida en leña y consumida por el fuego, ya que los troncos

curvos y de poco diámetro, no sirven para obtener de ellos elementos de madera escuadrada, comúnmente comercializados en el mercado de la construcción. De este modo se pone en valor aquello que seguramente despreciaría la sociedad de consumo.

El mobiliario y los colores elegidos para la decoración destacan la presencia de la madera y la curvatura de sus líneas naturales.

Restaurante Tarquino

Idea y realización: Carlos Martini

Una esquina urbana de San Carlos de
Bariloche, frente a una plaza, contiene esta
obra construida íntegramente en madera.
Algunos de los árboles existentes original-
mente en el terreno fueron conservados y
forman parte de la estructuración interna y
la decoración del local.

Las ramas curvas de ciprés, que naturalmente
se desprenden del tronco principal buscando
la luz solar, han sido utilizadas aquí para
construir los marcos de las ventanas.

110 Puro Tronco

El tronco de los árboles existentes en el terreno atraviesan la cubierta de techos y alrededor de ellos, materiales tráslúcidos dejan pasar la luz natural rasante, destacando la textura de su corteza.

Una sección de tronco de Pino de unos 70 cm. de diámetro cavado prolijamente, se ha convertido parcialmente en una mesa de "estilo". Esta forma de trabajar trozos de troncos, responde a la cultura ancestral nórdica, recreada en este caso por el artista Ricardo Danuncio.

111

Restaurante Patagonia Plaza

Proyecto y construcción: «La Cofradía» (Mariano Campi / Sebastián Giménez)

Este ejemplo se construyó en Chile, frente a la plaza céntrica de la ciudad turística de Pucón. Los ejecutores son argentinos, y de algún modo han exportado el estilo de construcción con troncos, típico de la región argentina de los lagos. Varios elementos de su arquitectura sobre la fachada e interior destacan esta obra en el entorno urbano.

Restaurante El Patacón

Proyecto y Dirección: Arq. Fernando Galíndez y Asoc.

Después de su construcción, el complejo se ha constituido casi en un modelo emblemático de la arquitectura regional andino patagónica, ya que combina el estilo de las obras históricas, con el contemporáneo uso de los troncos al natural.

La intención de destacar la identidad regional y nacional, se manifesta en su arquitectura como también en su nombre, ya que el Patacón ha sido la moneda más fuerte del país.

Todo el frente del complejo destaca las visuales hacia el lago Nahuel Huapi. El uso de la piedra, la madera en bruto y la cubierta de techos de color oscuro, definen la personalidad de la obra.

El complejo, todavía en etapa de desarrollo, cuenta actualmente con un salón restaurante, una sala de exposiciones y un apartado para eventos especiales. Próximamente se construirá un pequeño auditorio que complementará la actividad gastronómica.

El mobiliario y la ambientación del restaurante, están materializados en un estilo semi rústico.

El sector de eventos, ambientado como un rincón patagónico, con muebles rústicos artesanales y detalles de decoración, recuerdan la salvaje naturaleza de la región.

En la decoración se destacan sillones construidos con porciones de árboles, generalmente depositados en la orilla de los lagos de la región.

La casa en el árbol, nos refiere a nuestros genes ancestrales más antiguos.

Aunque aquí no hay fieras alrededor, y la casita imaginaria se ha convertido en una residencia, resulta un ejemplo alucinante encajado entre cuatro grandes troncos de coihue. La base está sostenida por tres pilares y un cuarto punto de apoyo, está atado con una gruesa soga de yute al tronco de uno de los coihues.

Apoderado de un deseo incontrolable, el adulto expresa ¡chicos, vamos a jugar!

En la imaginación creadora de los niños, un tronco puede fácilmente convertirse en un caballo, una rama en un arma galáctica o un puente en el pasaje secreto hacia algún mundo de fantasías...

Plaza San Ignacio del Cerro

Una torre exagonal con seis pilares, es el centro de este pequeño complejo de juegos en un barrio residencial de Bariloche.

Toda la estructura se construyó con postes y varillones de ciprés.

La cubierta de la torre está realizada con tablas simplemente solapadas y el puente colgante está resuelto con la utilización de gruesas sogas de yute.

Colegio Suizo

Proyecto y dirección: Arq. Ramos Sabaté

La utilización y combinación de colores no deja de ser una solución atractiva y divertida para el sector de juegos, de un colegio de la ciudad de Bariloche.

Resultan especialmente interesantes los puentes colgantes construidos con varillas de madera, que estan cocidas en sus extremos con un cable de acero.

Pin 9

Proyecto y dirección: Arq. Marcelo Ochoa

Un clásico restaurante familiar ubicado sobre una avenida de alta circulación vehicular, desarrolló este sector de juegos bastante entretenido, donde se combinan diversos elementos y situaciones atractivas para los niños.

Escultura en galería céntrica de Villa la Angostura

(abajo, izq. y der.) Esculturas en "El Fundo", Colonia Suiza.

Estas son sólo algunas imágenes de trabajos realizados por artistas patagónicos en "El Bosque Tallado", cerro Piltriquitrón, El Bolsón.

San Martín de los Andes, plaza céntrica.

En el mundo de hoy, sentarse no es poca cosa; puede ser una parada especial en el camino, si lo hacemos en alguno de estos bancos.

Tierra de Sol, San Martín de los Andes.

Refugio Frey. Cº Catedral - Bariloche

San Martín de los Andes, plaza céntrica.

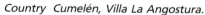

Country Cumelén, Villa La Angostura.

Cabina control de acceso (predio Tierra de Sol, S. M. de los Andes).

Talla para el bar "Las Cortinas". San Carlos de Bariloche

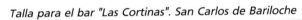

Campana de la escuela en la Isla Victoria.

137

Verdaderos artistas del tallado en troncos, en plena jornada de esculturas, en el Centro Cívico de Bariloche

Operarios y carpinteros avezados, que construyen los
sueños de los proyectistas, a quienes les debemos
magníficos trabajos de construcción rústica.

PROFESIONALES

ESTUDIO ARQ. MARTIN JERMAN Y ASOCIADOS

Referencia: pág. 60/65

Libertad 299, Piso 4º "A" Bariloche.

Tel (54) 2944 430173

e-mail: jerman@bariloche.com.ar

www.arquitecturapatagonia.com

ARQ. RODRIGO LOPEZ DAVALOS

Referencia: pág. 106/109

Avda. Arrayanes 235 of..2 Villa la Angostura

Tel. (54) 2944 495237

Móvil: 02944 1556 8083-2128

e-mail: davalos@netpatagon.com

davalos@bariloche.com.ar

ESTUDIO ARQ. FERNANDO GALINDEZ Y ASOCIADOS

Referencia: pág. 114/121

Elflein 13 - 1º Piso - Bariloche

Tel. (54) 2944 428546

e-mail: estgalin@bariloche.com.ar

CONSTRUCTORES

CARLOS MARTINI

Referencia: pág. 48/59; 66/73; 94/105

Tel. (54) 2944 448517

Móvil: 02944 15580540

TIERRA DE SOL S.A.

Referencia: pág. 74/83

www.tierra de sol.com

LA COFRADIA

Mariano Campi / Sebastián Giménez

Referencia: pág. 112/115

Tel. (54) 2944 467533/448110

Móvil: 02944 15501256 / 15551762

www.lacofradia.net

MUEBLES Y DECORACION

ORIGEN

Arte y artesanía Cordillerana

Decoración integral para residencias,
hoteles y complejos turísticos.
Avda. E. Bustillo 3850, Bariloche
Tel/fax (54) 2944 442640
e-mail: origen@bariloche.com.ar

CARLOS MARTINI

Realización de muebles, puertas, tallas y
objetos exclusivos. Arte en Madera.
Tel. 54 2944 448517
Móvil: 02944 15580540

FABRICA DE MUEBLES DE TRONCO
Muebles patagónicos

www.mueblespatagon.com
Show Room: Muebles Bariloche
12 de octubre 1738, Bariloche
Tel/fax: (54) 2944 424937
e-mail: muebles@bariloche.com.ar
Envíos a todo el país.

CORRALONES

CORRALON RUCA CURA

Especialistas en la construcción típica.
Piedras y lajas de todo tipo.
Esandi 615, Bariloche.
Tel. 54 2944 425396 - Móvil: 1563-5145
e-mail: corralonrucacura@ciudad.com.ar
www.rucacurasrl.com.ar

MADERERA RIO VILLEGAS

Maderas nativas y de todo tipo.
Aserradero propio. Piezas especiales.
Predio Sociedad Rural: Ruta 237, Bariloche
Tel. 54 2944 434519
e-mail: maderera@bariloche.com.ar
www.riovillegas.com.ar

PALM

Materiales para construir.
Más de 10.000 artículos para sus obras.
Brown 404 y Rivadavia 96. Bariloche.
Tel. 02944 427256
Fax. 02944 421112
e-mail: palm@bariloche.com.ar

AGRADECIMIENTOS DE LA EDITORIAL

Créditos literarios

Todos los textos son obra del autor, excepto los siguientes:

La Oración del Arbol (pág.17). Autor: desconocido.

Los bosques subantárticos y las especies de la región (pág. 20/22). Extraídos de "El Gran Libro de la Naturaleza" publicado en fascículos por el diario Río Negro.

Introducción de la sección "Viviendas" (pág. 44/45). Autor: Arqta. Alexis Podestá Prats.

Créditos Forográficos

Todos las fotografías son obra del autor, excepto las siguientes:

Página 2 Mariana Sciammarella.

Página 15 Tito Borzone (foto aérea).

Página 122 (arriba izq.) Mariana Sciammarella.

Página 139 Carlos Martini.

Un agradecimiento especial a los auspiciantes, propietarios de viviendas y locales comerciales, que colaboraron para la producción de las fotografías.

También a todos aquellos que aportaron datos para la ubicación de alguna de las obras aquí documentadas.

Seguimos juntando material para futuras publicaciones, por lo tanto serán bienvenidas todas aquellas sugerencias que Uds. consideren oportunas y necesarias.

OTRAS PUBLICACIONES DE CⱭMA

Este libro es el complemento ideal para acceder a la información técnica necesaria, en la construcción con troncos.

Es un soporte de conocimiento pensado para estudiantes, profesionales de la construcción y todo aquel interesado en el correcto uso de la madera.

Con más de 400 imágenes y 100 fotografías, cubrimos un amplio espectro de información, en el que describimos el estudio intrínseco del material y los conocimientos técnicos imprescindibles para su correcta utilización, con información actualizada, correspondiente a los últimos avances de estudio y experimentación en el mundo.

VISITE NUESTRO SITIO WEB www.arquitecturaandina.com.ar
para estar actualizado de otras publicaciones sobre la arquitectura
andino-patagónica, que se encuentran disponibles en la sección librería.
Realizamos envíos a domicilio a través de correo certificado.
e-mail: arqandin@bariloche.com.ar

Hay prodigios a veces incomprensibles, que demuestran que la vida
se impone con toda su energía, en una continuidad infinita.